AF602834

LES

RAMENEURS

VAUDEVILLE EN UN ACTE

PAR

MM. SIRAUDIN ET AD. CHOLER

Représenté pour la première fois, à Paris, sur le théâtre des Variétés, le 26 février 1861.

PARIS
LIBRAIRIE NOUVELLE
BOULEVARD DES ITALIENS, 15

A. BOURDILLIAT ET Ce, ÉDITEURS

1861

PERSONNAGES

DUPONCEAU..........................	MM. A. MICHEL.
LAVERDURETTE......................	CH. POTIER.
BUSIRIS DE POMADÈRE...............	GRENIER.
SAINT-GOTHARD......................	CH. BLONDELET.
CLODION..............................	FORESTIER.
MÉLANIE, femme de Laverdurette.........	Mlles GABRIELLE
FÉLICIE, femme de chambre..............	XIMÉNÈS.
TROIS COMMISSIONNAIRES.	

Toutes les indications sont prises de la gauche à la droite des spectateurs. — Les personnages sont inscrits en tête des scènes dans l'ordre qu'ils occupent au théâtre. — Les changements de position sont indiqués par des renvois au bas des pages.

LES RAMENEURS

Un appartement élégant. — Portes au fond et latérales ; cheminée à droite ; fenêtre à gauche ; table au milieu ; chaises, fauteuils, causeuse près de la cheminée.

SCÈNE PREMIÈRE

FÉLICIE, MÉLANIE, PLUSIEURS COMMISSIONNAIRES.

(Au lever du rideau, des commissionnaires emportent les meubles.)

MÉLANIE.

Prenez garde à ma toilette; plus doucement donc.

FÉLICIE, à un commissionnaire qui va prendre la table.

Non, non, laissez la table et les chaises et enlevez tout le reste, c'est l'ordre de monsieur. (Les commissionnaires sortent par le fond.)

MÉLANIE, s'asseyant.

L'ordre de monsieur, c'est inconcevable. Dites-moi, Félicie, comprenez-vous quelque chose à cette idée de mon mari ?

FÉLICIE.

Ah ! les maris sont si b...

MÉLANIE.

Hein ?

FÉLICIE.

Bizarres !

MÉLANIE.

Vouloir louer cet appartement.

FÉLICIE.

Aller s'établir au premier, sur le jardin, quand on est si

bien ici, au rez-de-chaussée sur la rue... (Elle s'approche de la fenêtre.) On voit passer le monde, ça distrait.

MÉLANIE.

C'est vrai !

FÉLICIE.

On fait ses petites remarques, ses observations.

MÉLANIE.

C'est charmant !

FÉLICIE.

Et puis... on n'est jamais prise à l'improviste. . par une visite... on a le temps de se préparer.

MÉLANIE.

Comment cela ?

FÉLICIE, près de la fenêtre avec intention.

Supposez, par exemple, madame, que je voie poindre.. au bout de la rue... un petit jeune homme... ayant des manches si larges à sa redingotte, qu'on croit qu'il a ses bras dans un pantalon... un ruban pour cravate... un verre de carreau dans l'œil... et répondant au nom de Pomadère.

MÉLANIE, se levant.

Monsieur Busiris !... Ce jeune homme qui a une si belle barbe en éventail.

FÉLICIE.

Et des manières si... onctueuses... Busiris de Pomadère... lui-même, grâce à cette fenêtre... je le vois... il s'avance... il est à notre porte... il parle au concierge.

MÉLANIE.

Je ne veux pas le recevoir...

FÉLICIE.

Je crois qu'il n'est plus temps... on lui dit que madame Laverdurette est chez elle...

MÉLANIE.

Mais je ne le connais pas ce jeune homme ! Je l'ai rencontré au Bois... et aux Tuileries... trois ou quatre fois... à peine... il ne m'a même jamais saluée...

FÉLICIE.

C'est la mode anglaise... le domestique du second m'a

dit cela... Quand on n'a pas été présenté... Mais s'il ne vous a pas saluée... il vous a écrit.

MÉLANIE.

Je n'ai pas lu ses lettres... je te les donnerai pour les lui rendre. (On entend sonner.) C'est lui ! Je n'y suis pas ! (Elle entre à droite.)

SCÈNE II

FÉLICIE, BUSIRIS.

FÉLICIE.

Alors... c'est moi qui vais le recevoir...

BUSIRIS, entrant par le fond.

Peut-on entrer ? Bonjour, petite. (Il lui fait un signe de la main.) Dis-moi... ta charmante maîtresse est chez elle ?

FÉLICIE.

Oui, monsieur.

BUSIRIS.

O bonheur !

FÉLICIE.

Mais, madame n'est pas visible.

BUSIRIS.

Invisible ! Oh ! c'est une ressemblance de plus qu'elle a avec les anges !

FÉLICIE.

Monsieur garde son chapeau ?

BUSIRIS.

Toujours ! j'ai mes motifs.

FÉLICIE.

Ça use les bords ?

BUSIRIS.

Précisément.

FÉLICIE.

Si vous avez à me charger de quelque chose pour madame...

BUSIRIS.

Volontiers... sois ma messagère, comme Iris dans l'Olympe... Connais-tu Iris ?

FÉLICIE.

J'en connais la poudre d'Iris.

BUSIRIS, montrant une lettre.

C'est suffisant! Prends ce billet... tiens, là, et tu le lui remettras. (Il veut le mettre dans la poche gauche de son tablier.)

FÉLICIE.

AIR : *du Piége.*

Mais vous vous méprenez !

BUSIRIS.

Comment ?
Tu recules, lorsque j'approche.

FÉLICIE.

Moi, reculer! oh! non, vraiment ;
C'est que vous vous trompez de poche.

(Montrant la poche de droite.)

Dans celle-ci, monsieur le séducteur,
Je place mille bagatelles ;
Mais la gauche, côté du cœur,
C'est pour les affair's personnelles.

BUSIRIS, mettant la lettre dans la poche de droite.

Alors... je glisse ce poulet dans la poche droite, avec un louis par-dessus, pour qu'il ne s'envole pas!...

FÉLICIE.

Monsieur peut compter que je ferai sa commission...

BUSIRIS.

Merci... Adieu! (Il lui fait signe de la main.)

FÉLICIE.

Vous n'ôtez toujours pas votre chapeau?

BUSIRIS.

Non!... j'ai mes motifs... adieu ! (On entend sonner.)

FÉLICIE.

Prenez garde! c'est l'heure à laquelle rentre monsieur Laverdurette... et si vous tenez à ne pas le rencontrer...

BUSIRIS.

Mais, sans doute...

FÉLICIE.

Monsieur ne le connaît pas?

BUSIRIS.

Si, si... je le vois souvent au café... nous causons quelquefois... et je t'avoue que j'aimerais assez à ne pas me trouver nez à face avec lui.

FÉLICIE.

Eh bien ! sortez par ici. (Elle lui indique la porte de gauche.)

BUSIRIS, passant à gauche. *

Merci !... merci !... (A part.) Je viendrai moi-même chercher ma réponse. (Il sort à gauche.)

SCÈNE III

FÉLICIE, puis LAVERDURETTE, puis MÉLANIE.

FÉLICIE.

Il était temps !... voilà monsieur...

LAVERDURETTE, entrant par le fond en se frottant les mains. **

Allons ! allons ! l'affaire est en bon train !... Ah ! Félicie... ma femme est-elle chez elle ?

FÉLICIE.

Oui, monsieur.

LAVERDURETTE.

Très-bien !... va la quérir *illico*.

FÉLICIE.

Comment dites-vous ça ?

LAVERDURETTE.

C'est du latin... absolument comme si je te disais : Va la quérir *directly*... seulement alors ce serait de l'anglais. .

FÉLICIE.

Monsieur est gai... ce matin !... (Elle entre à droite.)

LAVERDURETTE, seul.

Pourquoi ne serais-je pas gai ?... J'ai une jolie femme, j'ai de l'argent... je me crois jeune encore... J'ai quarante ans et même plus... Je puis me passer la main dans les cheveux, et je m'appelle Adolphe .. Je suis donc dans les

* Busiris, Félicie.
** Laverdurette, Félicie.

meilleures conditions possibles... (Regardant autour de lui.) Ah! très-bien, les meubles sont enlevés, une table, des chaises, c'est tout ce qu'ils m'ont demandé, et même ça m'intrigue, une table pour manger, des chaises pour s'asseoir, c'est quelque chose; mais. (Voyant entrer sa femme.) Ah!

MÉLANIE, entrant par la droite.

Vous avez à me parler, mon ami...

LAVERDURETTE.

Oui... il s'agit d'une chose dont je vous ai déjà touché quelques mots!...

MÉLANIE, s'asseyant sur la causeuse.

Peut-être encore de la location de cet appartement.

LAVERDURETETTE.

Précisément; le marché est à peu près conclu...

MÉLANIE.

Mais quelle folie!... un appartement que vous habitez.

LAVERDURETTE, allant près de la cheminée. *

Je l'habite... je l'habite... en qualité de propriétaire... pour faire croire qu'il est habitable... car un rez-de-chaussée est toujours humide... Il pourrait y pousser des champignons, et puis... pour une femme, pour une jolie femme, comme vous, un rez-de-chaussée se trouve trop facilement sous l'œil d'un indiscret. (Il s'est assis près de sa femme.)

MÉLANIE, à part.

Se douterait-il?... (Haut.) Et peut-on savoir quelle sorte de locataire nous aurons pour voisin.

LAVERDURETTE.

Ce sont des jeunes gens, dans mon genre... Ils sont très-bien... très-spirituels, très-gais... tout à fait dans mon genre. (Il se lève et passe à gauche.)

MÉLANIE. **

Ils sont donc plusieurs?

LAVERDURETTE.

Oui... j'ai fait leur connaissance au café Riche.

MÉLANIE, se levant.

Au café Riche?

* Mélanie, Laverdurette.
** Laverdurette, Mélanie.

LAVERDURETTE.

Le café Riche... ainsi nommé parce qu'il est le café des hommes de lettres. Tous ces messieurs vont-là... Ils sont aimables... ils sont jeunes... j'adore les jeunes gens... et toi?

MÉLANIE.

Moi?

LAVERDURETTE.

C'est-à-dire toi... tu n'adores que moi.

FÉLICIE, entrant par la droite. Elle tient des journaux.

Madame, voici les journaux !

MÉLANIE, les prenant.

Ah ! mon journal de modes! (Elle l'ouvre; à part.) Une lettre? de lui. (Fermant vivement le journal.) Quelle insolence !

LAVERDURETTE.

Qu'est-ce que c'est?

MÉLANIE.

Rien, mes journaux.

FÉLICIE, à part.

La lettre est acceptée !... (On entend sonner.)

LAVERDURETTE.

Mais on vient; Félicie, va ouvrir. (Félicie sort par le fond.) Sans doute ces messieurs... qui vont visiter l'appartement.

MÉLANIE.

En ce cas, je me hâte d'en sortir, et je vais m'enfermer là-haut... Pourvu du moins que ces jeunes gens soient raisonnables...

LAVERDURETTE.

Oh! rassure-toi... ce sont des jeunes gens très comme il faut... tout à fait mon genre. (Mélanie sort par la droite. Félicie reparaît au fond.)

FÉLICIE.

Entrez, messieurs. (Elle disparaît.)

* Laverdurette, Mélanie, Félicie.

SCÈNE IV

CLODION, SAINT-GOTHARD, DUPONCEAU, LAVERDURETTE, BUSIRIS. *Ils entrent tous quatre le chapeau sur la tête.*

DUPONCEAU, *à la cantonade.*

Par ici, messieurs, par ici... Venez donc, monsieur de Pomadère... venez donc, n'êtes-vous pas des nôtres? (*Tous entrent par le fond.*)

LAVERDURETTE.

Messieurs, donnez-vous la peine de vous asseoir.

DUPONCEAU.

Hein? nous sommes exacts!...

LAVERDURETTE.

Exacts comme l'algèbre et colorés comme la poésie, a dit le poëte!

BUSIRIS, *à part.*

Me retrouver chez elle! et pouvoir me dire, je suis chez moi, quel bonheur! Ah! je suis un homme rusé.

SAINT-GOTHARD.

Ah! messieurs, que je suis enrhumé... (*Il éternue.*)

DUPONCEAU.

Mais oui, ce rez-de-chaussée est convenable; la pièce est grande, elle est claire. .

SAINT-GOTHARD.

Je crains qu'elle ne soit humide... tenez... (*Il éternue.*)

LAVERDURETTE.

Erreur! erreur! elle est saine comme l'œil!

DUPONCEAU.

Qu'importe d'ailleurs, puisque nous ne devons pas y séjourner. Je loue cet appartement en mon nom et au nom de ces messieurs, ils savent dans quelle intention.

TOUS, *s'asseyant.*

Oui, oui...

LAVERDURETTE, *à Duponceau.*

Ces messieurs savent... très-bien... mais moi, moi, votre propriétaire ou plutôt votre ami... moi qui prétends toucher à la fois votre cœur et mon loyer... y aurait-il de l'indiscrétion à vous demander le but de cette location... panachée?...

DUPONCEAU.

Du tout! Nous voulons fonder un club!

LAVERDURETTE.

Un club? chez moi?

DUPONCEAU.

Y verriez-vous quelque inconvénient?

LAVERDURETTE.

Au contraire! et la preuve... c'est que je me trouverais très-honoré d'être des vôtres.

DUPONCEAU, le regardant.

Vous?

LAVERDUETTE.

J'ai toujours eu envie d'être d'un club.

DUPONCEAU.

Il fallait vous présenter au cercle des Ganaches...

LAVERDURETTE.

J'y avais songé... mais on m'a répondu que j'étais trop jeune!

BUSIRIS.

Nous avons le club des Moutards.

LAVERDURETTE.

J'y avais encore songé... mais on m'a fait pressentir que j'étais trop âgé... en sorte que je me trouve entre deux cercles... mais puisque votre club... va s'ouvrir...

DUPONCEAU, se levant ainsi que les autres.

Pardon... pardon... mais il y a une impossibilité...

LAVERDURETTE.

Bah! laquelle?

DUPONCEAU.

D'abord, il faut que vous sachiez le nom du club que nous voulons fonder...

LAVERDURETTE.

Ah! voyons! (Busiris remonte et passe à gauche.)

DUPONCEAU.

Le club des Rameneurs!

LAVERDURETTE.

Des Rameneurs!... comprends pas!...

DUPONCEAU.

Je vais être plus explicite... Attention... messieurs... (Ils se rangent tous d'un côté et lèvent leurs chapeaux en même temps.

TOUS.*

Voyez!

AIR *connu.*

Chacun d'nous ici ramène
Le peu de cheveux qu'il a,
Et nous n'avons pas grand'peine
A faire, hélas! ce travail-là!

LAVERDURETTE.

En effet! je n'avais pas remarqué... en vous voyant séparément... qu'il n'y avait pas entre vous... la différence de l'épaisseur d'un cheveu. (A part.) Singulier rapprochement.

DUPONCEAU,

Notre calvitie, vous le voyez, est, à peu près, complète...

SAINT-GOTHARD.

Je demande même à me couvrir... ça m'enrhume. (Il éternue et se couvre.)

DUPONCEAU.

Et la première condition, pour faire partie du club des Rameneurs... c'est de ramener...

LAVERDURETTE.

Ce que vous dites là est très-pertinent!

DUPONCEAU.

Et, pour ramener... il faut n'avoir que peu ou point de cheveux... et vous avouerez qu'avec cette espèce de tête de loup... dont la nature a boisé votre occiput, il vous est difficile...

TOUS, avec dédain.

Oui, oui, il a trop de cheveux!

* Clodion, Saint-Gothard, Busiris, Duponceau, Laverdurette.

LAVERDURETTE.

Mais, messieurs, ça n'est pas ma faute!

TOUS.

N'importe! Trop de cheveux! trop de cheveux!

LAVERDURETTE.

Eh bien!.. vous êtes des hommes d'honneur?

DUPONCEAU.

En doutiez-vous?

SAINT-GOTHARD.

Pas de cheveux, mais de l'honneur.

LAVERDURETTE.

Incapables de me trahir?

BUSIRIS.

Trahir un ami, nous!

DUPONCEAU.

Mais que signifie?

LAVERDURETTE, remontant.

Chut!

TOUS.

Quoi? (Saint-Gothard passe à droite.)

LAVERDURETTE, redescendant. *

Silence!... Pour être de votre club, il faut ramener... (Otant sa perruque.) Je ramène.

TOUS.

Ah!...

LAVERDURETTE.

Même air.

Oui, comme vous je ramène
Le peu de cheveux que j'ai;
C'est pour me tirer de peine,
Que de coiffure j'ai changé.

BUSIRIS, à part.

Pour moi quelle heureuse aventure!

SAINT-GOTHARD.

A-t-il voulu nous fourvoyer!

* Clodion, Busiris, Laverdurette, Duponceau, Saint-Gothard.

LAVERDURETTE.

Non, mais j'ai changé de coiffure,
Lorsque je dus me marier.

ENSEMBLE.

TOUS LES QUATRE.

Oui, comme nous il ramène
Le peu de cheveux qu'il a ;
Sans se mettre plus en peine,
Il peut faire ce métier-là.

LAVERDURETTE.

Oui, comme vous je ramène,
Etc., etc.

SAINT-GOTHARD.

Monsieur Laverdurette, un rameneur...

DUPONCEAU.

Et un de nos jolis rameneurs, j'ose le dire. (Examinant Laverdurette.) Vous ramenez de l'occiput au sinciput.

LAVERDURETTE. *

Oui, oui, le grand ramenage.

BUSIRIS.

C'est splendide !

DUPONCEAU.

Busiris, lui, ramène en quinconces... quelques bouquets çà et là.

BUSIRIS.

C'est un petit jardin anglais.

DUPONCEAU.

C'est un square.

LAVERDURETTE.

Merveilleux.

DUPONCEAU.

Quant à Clodion...

CLODION.

Moi, je ramène en pinceaux.

SAINT-GOTHARD.

Moi, c'est une nappe... Je ramène en nappe.

* Clodion, Busiris, Duponceau, Laverdurette, Saint-Gothard.

LAVERDURETTE.

Oui... c'est très-agréable... chez vous, la nappe est toujours mise. (A Duponceau.) Et vous?

DUPONCEAU.

Moi, c'est en feux croisés... J'en ai quinze à gauche et vingt-deux à droite.

LAVERDURETTE.

Eh bien! là, parole d'honneur, vos trente-sept cheveux sont très-bien disposés. On jurerait qu'il y en a soixante.

DUPONCEAU.

N'est-ce pas?... Le grand art est de les faire foisonner. Tenez, j'ai un ami, qui ne possède plus qu'un seul cheveu... Eh bien, il est parvenu à lui faire faire neuf fois le tour de sa tête.

SAINT-GOTHARD.

Il va loin... Ce doit être un cheveu rayé.

LAVERDURETTE.

Quel beau travail!... mais surtout, messieurs, le secret, le plus grand secret... Vous comprenez... ma femme ignore... J'ai eu l'art de lui cacher...

DUPONCEAU.

Sous une perruque?...

LAVERDURETTE, la montrant.

Un chef-d'œuvre, messieurs!... Elle me coûte un billet de mille.

SAINT-GOTHARD, prenant la perruque.

Mille francs?... c'est pour rien. (Il la met sur la cheminée.)

DUPONCEAU.

Je comprends que cette perruque trompe votre épouse pendant le jour... mais le soir?...

LAVERDURETTE.

Le soir... la soie remplace le crin... et un foulard des Indes...

DUPONCEAU.

C'est ingénieux. Votre femme ne peut rien y démêler.

LAVERDURETTE.

Vous me promettez le silence le plus absolu...

DUPONCEAU.

Nous vous le promettons.

BUSIRIS, à part.

Promettre et tenir...

LAVERDURETTE.

Et je ne demande pas si je suis des vôtres... j'ai mes titres.

SAINT-GOTHARD.

Permettez, permettez, en fait de titres vous avez une perruque: nous nous enrhumons tandis que vous vous pavanez sous une réchauffante... Vous n'avez pas le courage de votre déficit...

LAVERDURETTE.

Mettez-vous à ma place, messieurs ; je suis marié.

DUPONCEAU.

Il a raison, c'est une circonstance atténuante.

BUSIRIS.

Moi, je vote pour.

DUPONCEAU et CLODION.

Et moi aussi!

SAINT-GOTHARD.

Soit! atchy... Je suis trop enrhumé pour faire de l'opposition.

DUPONCEAU.

Maintenant, posons les bases de notre société.

TOUS.

C'est cela!

SAINT-GOTHARD.

Moi, je vais allumer un cigare, ça me réchauffera un peu le cerveau.

DUPONCEAU, se mettant devant la table.

La séance est ouverte. (Tous s'asseyent.)

LAVERDURETTE.

Je me nomme secrétaire. (Il se prépare à écrire.)

DUPONCEAU.

Y êtes-vous?... Je me donne la parole... Messieurs, vous

avez dû remarquer que chaque époque porte avec soi un caractère qui lui est propre... Ainsi sous le règne de Louis XV toutes les femmes avaient le nez retroussé et la bouche en forme de cerise.

SAINT-GOTHARD.

Voyez Watteau.

BUSIRIS.

Voyez Boucher.

DUPONCEAU.

Sous l'Empire... tous les hommes avaient cinq pieds dix pouces... et des jambes à illustrer la culotte... Aujourd'hui, plus de mollets... plus de culottes courtes.

TOUS, *se regardant les jambes.*

C'est vrai !

DUPONCEAU.

Sous la Restauration... les jeunes gens sérieux venaient au monde avec des lunettes... vertes le plus souvent... Eh bien ! cette époque du dix-neuvième siècle devait avoir aussi son signe distinctif... et ce signe... c'est la parcimonie... de cette végétation, ou pour mieux dire, de ce gazon naturel que quelques-uns nomment cheveux !...

SAINT-GOTHARD.

Oui... notre génération est volontiers chauve...

DUPONCEAU.

Ne dites pas chauve, Saint-Gothard. D'ailleurs, n'est pas chauve qui veut.

LAVERDURETTE.

Non, et c'est le cas de répéter le mot de ce fameux capitaine : *Chauve qui peut !*

TOUS.

Très-bien !

DUPONCEAU.

Ah ! si nous faisons des mots !... Soyons sérieux.

LAVERDURETTE.

Je ne le mets pas sur le procès-verbal ?

DUPONCEAU.

Je l'espère bien. — C'est pourquoi, messieurs, nous vous proposons de fonder une institution sous le nom de *Rame-*

neurs-Club, une sorte de société d'encouragement à l'usage de la jeunesse dépourvue de cette superfétation qui fit la force de Samson, mais qui causa la perte d'Absalon...

TOUS.

Bravo !

DUPONCEAU.

Donc, messieurs, la question ici n'est pas de déplorer la discrétion de la nature à l'endroit de cette panoufle ridicule qui surmonte le chef de l'homme... non... non... mais il s'agit de prouver que les privilégiés c'est nous, et que ceux qui sont abondamment chevelus sont tout à fait dans leur tort... Car, enfin, il est temps de faire pénétrer dans les masses cette idée rationnelle... que les chevelus... sont doués d'une incapacité complète... ou pour mieux m'exprimer... jouissent d'un désavantage marqué sur nous... Ne m'interrompez pas, je vais vous le prouver... C'est à l'aridité de l'occiput que l'on reconnaît les grands penseurs et les grands séducteurs... Voyez Voltaire... le chef de l'école normale... il avait une perruque, donc... il était chauve! Voyez Richelieu, un de nos coureurs d'alcôve... perruque encore!... donc, pas de cheveux!...

SAINT-GOTHARD ET LES AUTRES.

C'est vrai !

LAVERDURETTE, se levant

Je demande la parole. — J'irai plus loin. — (Interdit et balbutiant.) Il en est du monde céleste... comme... Pardon, je n'ai pas l'habitude de parler en public...

DUPONCEAU.

Si c'est nous qui vous gênons, nous allons nous retirer.

LAVERDURETTE.

Oui... j'aime mieux ça... (Se reprenant.) Ah! mais non... parce qu'alors... (Se rassurant et continuant.) Il en est du monde céleste comme du monde terrestre... Voyez le soleil qui est un astre assez bien placé, j'ose le dire... Eh bien !... il est chauve... tandis que les comètes... des astres vagabonds, sans position fixe... ont de longues chevelures...

SAINT-GOTHARD.

Permettez... permettez... je demande à faire une observation... (Éternuant.) Atchi !

DUPONCEAU.

Je crois qu'un peu de sirop capillaire te ferait du bien.

SAINT-GOTHARD.

C'est un mot... Il m'en coûte de modérer votre enthousiasme... Mais Cadet Roussel n'avait que trois cheveux, et il n'était pas fort.

CLODION.

Oui... mais Cadet Roussel était bon enfant!

SAINT-GOTHARD.

Il existe quelques personnes qui tiennent encore pour le cheveu... l'auteur de *Monte-Cristo*, par exemple!...

DUPONCEAU, se levant, ainsi que les autres. *

Excentricité d'écrivain... ce n'est pas du cheveu... c'est de la pose!... Mais tenez... dernier argument... allez au spectacle... au Théâtre-Français, par exemple... un jour de première représentation... placez-vous au balcon et jetez les yeux sur le parterre ou sur l'horchestre... qu'apercevez-vous? A droite, à gauche, au milieu, des têtes veuves... des fronts luisants et polis,.. tranchons le mot... des genoux? Et c'est l'orchestre, c'est le parterre qui décident du sort d'un ouvrage, c'est à ces mêmes genoux qu'il faut vous jeter pour obtenir un succès... car ce sont eux qui font d'un vaudevilliste un académicien et qui quelquefois traitent un académicien comme un vaudevilliste. Le genou, messieurs, c'est la tête du pays! Les chauves, c'est la réserve de la France!

AIR *nouveau de M. Moniot.*

Les cheveux ne servent jamais
Qu'à de misérables conquêtes;
Les cheveux nuisent à nos têtes;
Ils sont ennemis du progrès.

De notre antique sagesse
N'accusez pas les cheveux;
Les sept sages de la Grèce
Ramenaient à qui mieux mieux.
César franchit le Rubicon,
Et Pompée en tremblant se sauve...
Eh bien! César, sans être chauve,
Aurait-il montré tant de front?
Voyez, voyez la première race
De tous nos rois chevelus,
Célèbres par leur tignasse,
Ignorés pour leurs vertus.
Ils étaient braves, courageux,
Mais pas de mœurs, pas de science...

* Clodion, Busiris, Duponceau, Saint-Gothard, Laverdurette.

Ce n'est qu'aux siècles d'ignorance
Que l'on aperçoit des cheveux.
Le plus grand des rois de France,
Louis quatorze, messieurs,
Avait la même vaillance
Et n'avait pas de cheveux.
Comme Laverdurette il a
Voulu dissimuler sa nuque,
Il se fit faire une perruque,
Et tout le monde l'imita.
Eh bien ! la perruque sauve !...
Messieurs, ce siècle étonnant,
Où tout le monde était chauve,
Des siècles fut le plus grand !
Lorsque par la valeur élu,
Un héros se révèle et plane,
Nous nous écrions : c'est un crâne !
Et jamais : c'est un chevelu !
Sur de lointains territoires,
Qui le mieux s'est défendu ?
Qui remporta cent victoires ?
Ce fut un petit tondu !

Les cheveux ne servent jamais, etc.

TOUS.

Les cheveux ne servent jamais, etc.

TOUS.

Bravo ! Bravo !

DUPONCEAU.

Le club des Rameneurs est fondé, il s'agit de prévenir nos collègues.

LAVERDURETTE.

Serons-nous nombreux ?

DUPONCEAU.

Nos listes, faites à l'avance, se couvrent de signatures... il ne manque pas de rameneurs dans Paris... Il s'agit d'informer les signataires dont nous avons les noms et les adresses. Saint-Gothard, tu vas écrire...

SAINT-GOTHARD.

Ici? non! il fait trop humide, je vais me réchauffer...

BUSIRIS.

Où donc?

SAINT-GOTHARD, remontant.

Au café !

DUPONCEAU. *

Qui donc écrira ?

LAVERDURETTE

Vous !

DUPONCEAU.

Impossible, Coralie m'attend.

BUSIRIS, à part.

Coralie !

LAVERDURETTE.

Qu'est-ce que Coralie ?

DUPONCEAU.

Coralie ! pour le vulgaire, c'est mademoiselle Mariani, un contralto à cent mille francs par an... que j'aime et que j'épouserai...

LAVERDURETTE.

Est-ce qu'elle ramène aussi ?

DUPONCEAU.

Par exemple, les plus beaux cheveux blonds...

BUSIRIS.

Mademoiselle Mariani... des cheveux blonds d'un mètre... nuance cendrée... ne mettant une fausse queue que le soir, pour jouer...

DUPONCEAU.

Vous la connaissez ?

BUSIRIS, embarrassé.

Moi... oh ! seulement de l'avoir vue à l'opéra !...

DUPONCEAU.

N'est-ce pas qu'elle est charmante ?

BUSIRIS.

Adorable !

DUPONCEAU.

Eh bien ! voyons, qui est-ce qui se dévoue ?

BUSIRIS.

Moi ! passez-moi la liste.

* Clodion, Busiris, Duponceau, Laverdurette, Saint-Gothard.

DUPONCEAU, lui donnant un papier.

La voici ! (A Laverdurette.) Vous, cher ami, faites préparer le bail... nous signons ce soir...

LAVERDURETTE.

Je cours chez mon notaire.

SAINT-GOTHARD.

Moi, je vais au café.

DUPONCEAU.

Moi, chez Coralie.

BUSIRIS, à part.

Et moi, je reste ici.

ENSEMBLE.

AIR : *A mon époux.* (*Poule aux œufs d'or.*)

Chacun de nous,
Fidèle au rendez-vous,
Doit avoir sa cause à défendre,
Faisons comprendre
Aux méchants, aux railleurs,
Tous les honneurs
Qu'on doit aux rameneurs.

SAINT-GOTHARD.

Certes, au café,
Je serai mieux chauffé.

DUPONCEAU.

Adieu, je cours
Trouver l'objet de mes amours.

LAVERDURETTE.

Donc, au revoir,
Nous signerons ce soir.

BUSIRIS, à part.

Dieu ! quel espoir,
Si je pouvais ici la voir !

REPRISE ENSEMBLE.

Chacun de nous
Etc., etc.

(Duponceau, Saint-Gothard et Clodion sortent par le fond, Laverdurette par la gauche.)

SCÈNE V

BUSIRIS, seul.

Diable ! diable ! ce Duponceau qui connaît mademoiselle Mariani... S'il allait apprendre par elle?... Imbécile que je suis !... Avais-je besoin de lui dire?... Ah ! bah ! elle parlerait, que Duponceau ne voudrait jamais reconnaître dans un jeune homme du monde... parlant bien, s'exprimant avec érudition... Et puis le portrait qu'elle ferait de moi ressemble si peu... Il y a vingt mille livres de rente, et un oncle, mort de la jaunisse, à Rio-Janeiro, entre le Busiris qu'elle connaît et celui qui brille ici... ne pensons plus à cela... Si je pouvais revoir cette camériste... avoir une réponse à mon billet... Le basard semble me favoriser... la découverte que je viens de faire... Mais puis-je dire à cette pauvre femme :, madame, monsieur votre mari ramène... Eh ! eh ! ce ne serait peut-être pas si maladroit... mais il faudrait... (Voyant entrer Mélanie.) Oh !... (Il se couvre.)

SCÈNE VI

MÉLANIE, BUSIRIS.

MÉLANIE, entrant vivement par le fond.

Étourdie que je suis, avoir oublié... (Voyant Busiris.) Oh !

BUSIRIS, à part.

Sapristi ! elle-même ! (Il enfonce son chapeau.)

MÉLANIE, à part.

Encore lui !

BUSIRIS.

Pardon, madame, je...

MÉLANIE.

Vous ici, monsieur ?

BUSIRIS.

Oui, madame, je suis ici chez moi.

MÉLANIE.

Chez vous !

BUSIRIS.

C'est-à-dire chez nous.

MÉLANIE.

Que signifie ?

BUSIRIS.

Non, je veux dire... pardon, madame, l'émotion... le trouble... être ici... seul... avec vous... Ah ! je me sens en proie aux sentiments les plus tumultueux...

Air : *Au temps heureux de la chevalerie.*

Entre nous deux, plus d'obstacle et d'espace !
Salut à vous, meubles d'or, murs coquets !
Salut à vous, trop indiscrète glace
Qui reflétez tant de grâce et d'attraits !

MÉLANIE.

De ces saluts, moi, j'ignore la cause.

BUSIRIS.

Salut à vous, boudoir, temple du beau.

MÉLANIE, à part.

Après avoir salué tant de choses,
Il devrait bien retirer son chapeau !

Monsieur, tout cela ne m'explique pas...

BUSIRIS.

C'est monsieur votre mari, qui nous a loué à moi et à plusieurs jeunes gens, dont quelques-uns très-vieux... cette partie de son hôtel...

MÉLANIE.

Ah ! c'est à vous, monsieur, que mon mari...

BUSIRIS.

Ah ! madame, j'aurais payé de toute ma fortune, le droit de fouler ce bienheureux parquet, le bonheur de respirer dans ces murs imprégnés des plus douces émanations ; il n'est pas de...

MÉLANIE.

Pardon, monsieur, vous m'avez adressé plusieurs lettres...

BUSIRIS.

Oui, madame... et croyez que...

MÉLANIE, lui rendant ses lettres.

Les voici, monsieur.

BUSIRIS.

Cachetées ?...

MÉLANIE.

J'ignore ce qu'elles renferment, sans doute des propositions relatives à la location de cet appartement qui vous plaît ; mais, comme il ne m'appartient pas de traiter de semblables affaires, je vous préviens que c'est à mon mari que je remettrai toutes les lettres que vous m'adresserez à l'avenir.

BUSIRIS.

A votre mari? Eh bien! soit, madame, remettez-lui ces lettres, mais après les avoir lues. Ne me condamnez pas sans m'entendre, n'accablez plus de votre mépris l'homme le plus loyal, le plus respectueux.

MÉLANIE.

Monsieur, quand on parle à une femme, on se découvre... (Elle lui retire son chapeau.)

BUSIRIS.

Oh !

MÉLANIE, reculant.

Oh !

BUSIRIS.

Madame...

MÉLANIE, riant aux éclats.

Ah! ah ! ah ! ah !

BUSIRIS.

Madame, ne croyez pas... apprenez...

SCÈNE VII

Les Mêmes, LAVERDURETTE. *

LAVERDURETTE, il entre étourdiment par la gauche en ôtant son chapeau.

Imbécile que je suis ! avoir oublié ma perruque !

MÉLANIE, l'apercevant.

Ah !

* Laverdurette, Mélanie, Busiris.

LAVERDURETTE, *idem.*

Oh !

BUSIRIS, *à part.*

Bien !

LAVERDURETTE.

Ma femme !

MÉLANIE.

Mon mari !

ENSEMBLE.

AIR : *Vaudeville du mercier.*

MÉLANIE.

L'aventure est trop forte !
Eh quoi, mon mari sans cheveux !
Ah ! coiffé de la sorte,
Comme il me paraît vieux !

LAVERDURETTE.

Que le diable m'emporte!
Avoir oublié mes cheveux !
Et, coiffé de la sorte,
Me montrer à ses yeux !

BUSIRIS.

Ah ! maintenant, qu'importe
Que j'aie ou non des cheveux !
Elle va de la sorte
Choisir entre nous deux.

(Mélanie sort par la droite en riant aux éclats.)

SCÈNE VIII

BUSIRIS, LAVERDURETTE.

LAVERDURETTE, *tombant sur un siége.*

Ah ! je suis perdu ! je suis confondu !

BUSIRIS.

Mon ami !...

LAVERDURETTE.

Laissez-moi !... je suis furieux !...

BUSIRIS.

Vous vous exagérez...

LAVERDURETTE, *se levant.*

Non, je connais mon affaire, un front comme le mien peut courir les plus grands dangers et je n'ai qu'une chance de salut : l'humilité, le repentir. Je vais prosterner mon genou à ceux de ma femme, je vais rouler ma tête sur ses bottines.

BUSIRIS.

Y pensez vous, mais elle rira plus fort.

LAVERDURETTE, *passant à gauche.*

C'est vrai, son rire, ce rire qui m'horripilerait, si j'avais des cheveux !

BUSIRIS.*

Voulez-vous que je vous tire d'embarras ?

LAVERDURETTE.

Vous, comment ?

BUSIRIS.

En m'exposant à votre place.

LAVERDURETTE.

En vous exposant ?

BUSIRIS.

Qui plaidera la cause d'un chauve, si ce n'est un autre chauve ? En m'exposant au rire de votre femme, je commence par assumer sur moi le ridicule de la situation, peu à peu, elle s'habitue à mon physique, mon langage et la force de mes arguments lui prouvent que tous les hommes qui ont des cheveux sont des imbéciles, elle est obligée de s'avouer que les cheveux ne font pas le bonheur et je gagne votre cause en plaidant la mienne. Que dites-vous de cette proposition ?

LAVERDURETTE.

Qu'elle m'enchante et que je vous remercie...

BUSIRIS.

Dans ce cas, il ne faut pas lui donner le temps de la réflexion, faites-lui dire que vous l'attendez ici, et allez-vous en !

LAVERDURETTE.

Comment, que je m'en aille en lui faisant dire que je l'attends ?

* Laverdurette, Busiris.

BUSIRIS.

Sans doute, elle ne me connaît pas, et... vous me comprenez...

LAVERDURETTE.

Oui, oui... c'est juste ! Ah ! mais diable ! comment la faire prévenir ?...

SCÈNE IX

LES MÊMES, FÉLICIE.

FÉLICIE, entrant par la droite. *

Voyons, où est cette tapisserie, que madame a oubliée ?

LAVERDURETTE.

Ah ! Félicie !

FÉLICIE.

Hein ! deux messieurs !...

LAVERDURETTE.

Va dire à ma femme que je l'attends ici tout de suite...

FÉLICIE.

Comment, monsieur, c'est vous... Ah !

BUSIRIS.

Eh bien, n'entendez-vous pas ?

FÉLICIE, le regardant à son tour.

Comment, monsieur, c'est vous... Ah !

LAVERDURETTE.

Ah! ah!... M'obéiras-tu à la fin?

FÉLICIE.

J'y vais, monsieur, j'y vais. (A part.) Ils ont l'air de leurs deux grands pères, oh! oh! oh ! oh! (Elle sort à droite, en étouffant son rire.)

LAVERDURETTE.**

Vous voyez, mon ami; vous voyez l'effet...

BUSIRIS.

Ne vous en inquiétez pas, et partez.

* Laverdurette, Félicie, Busiris.
** Laverdurette, Busiris.

LAVERDURETTE.

Oui, je me sauve ; mais songez que je n'ai d'espoir qu'en votre éloquence.

BUSIRIS.

Elle ne vous fera pas défaut, je vous le promets.

AIR :

On rendra les honneurs
A votre calvitie,
Car vous faites partie
Du club des Rameneurs.

LAVERDURETTE.

Je compte sur votre éloquence,
Pour me garantir d'un affront.
Sans cheveux, je suis sans défense,
Si rien ne préserve mon front.

ENSEMBLE.

LAVERDURETTE.

On rendra les honneurs
A notre calvitie,
Car vous faites partie
Du club des Rameneurs.

BUSIRIS.

On rendra les honneurs
A votre calvitie,
Etc., etc.

(Laverdurette sort par le fond.)

SCÈNE X

BUSIRIS, puis MÉLANIE.

BUSIRIS.

A merveille!... l'ennemi s'éloigne et me laisse maître du champ de bataille. La partie est belle, mais il faut la savoir gagner, et pour cela... On vient... c'est elle... ne précipitons rien...

MÉLANIE, entrant par la droite.

Vous, monsieur ?

BUSIRIS.

Moi, madame...

MÉLANIE.

Où donc est mon mari?

BUSIRIS.

Il me quitte.

MÉLANIE.

Il est sorti?...

BUSIRIS.

Il sort.

MÉLANIE.

Pardon, je croyais...

BUSIRIS.

Vous croyiez le trouver ici... il avait fait dire qu'il vous y attendait.

MÉLANIE.

Oui, monsieur.

BUSIRIS.

Il avait à vous parler... et c'est moi qu'il a choisi pour avocat.

MÉLANIE.

Ah!... (Elle s'assied près de la cheminée.)

BUSIRIS.

Je dois plaider devant vous la cause des fronts chauves.

MÉLANIE.

Mon mari ne pouvait mieux choisir, nous plaidons toujours fort bien les causes qui nous intéressent.

BUSIRIS.

Eh bien, voyez un peu, madame; si je suis un avocat consciencieux... en dépit de la promesse que j'ai faite à votre mari, en dépit de mon intérêt personnel, je sens qu'il me serait impossible de déguiser la vérité, et je pose en principe qu'une femme ne peut adorer un front chauve!

MÉLANIE, se levant.

Ah çà! monsieur, pour qui et contre qui plaidez-vous?

BUSIRIS.

Je plaide pour moi contre tout le monde.

MÉLANIE.

Pour vous, en plaidant contre les hommes chauves.

BUSIRIS.

On peut être chauve par amour, madame, et, dans ce cas-là, on mérite plus qu'un autre le bonheur d'être aimé.

MÉLANIE, riant.

Chauve par amour? C'est votre amour pour moi, qui a fait tomber vos cheveux?

BUSIRIS.

Non, madame, il n'a pas ce reproche à se faire... (Otant sa perruque.) C'est qu'il ne m'en manque pas un seul.

MÉLANIE, reculant.

Ah!

BUSIRIS.

Vous voyez, madame, que je n'ai pas plaidé contre moi.

MÉLANIE.

Quelle est cette comédie, monsieur? me l'expliquerez-vous?

BUSIRIS.

En deux mots, je vous avais aperçue, je vous aimais, lorsqu'un jour j'entendis au café Riche votre mari qui proposait à des messieurs de leur louer cet appartement. Ces messieurs cherchaient un local favorable à la création d'un club, le club des hommes chauves, autrement appelés les Rameneurs, j'avais surpris leur secret et au risque de vous déplaire....

AIR : *Quand il commande à la.*

Comme votre mari, madame,
D'une perruque en couvrant mes cheveux,
Sans espérer pouvoir toucher votre âme,
Je me disais : Près d'elle on est heureux!
Et ce n'est pas un amour ordinaire
Que celui-là qui brûle sans espoir,
Et qui s'expose au malheur de déplaire,
Pour s'enivrer du bonheur de vous voir!
Je m'exposais, hélas! à vous déplaire,
Pour m'enivrer du bonheur de vous voir!

(Il tombe à ses genoux.)

MÉLANIE.

Monsieur...

SCÈNE XI

LES MÊMES, LAVERDURETTE, SAINT-GOTHARD, CLODION, ensuite DUPONCEAU.

LAVERDURETTE, qui vient d'entrer avec les autres par le fond.*

Que vois-je!

SAINT-GOTHARD.

Atchi!

LAVERDURETTE.

Il a des cheveux! trahison!

ENSEMBLE.

AIR *de Pilati.*

Aux genoux de { ma / sa } femme
Un homme chevelu!
C'est affreux! c'est infâme!
Quel spectacle imprévu!
Non, non, non, non,
Cela n'a pas de nom!

DUPONCEAU, entrant par le fond.**

Où est-il le misérable! le traître! le scélérat. (Apercevant Busiris et le prenant au collet). Ah! le voilà! et il a des cheveux! tout s'explique.

BUSIRIS.

Monsieur!

DUPONCEAU.

Oh! tu ne m'échapperas pas!... c'est un duel, c'est un duel à mort.

LAVERDURETTE.

Du tout, c'est moi qui le tuerai!

DUPONCEAU.

Du tout, c'est moi.

MÉLANIE.

Messieurs!... messieurs!...

* Clodion, Saint-Gothard, Busiris, Laverdurette, Mélanie.
** Clodion, Saint-Gothard, Duponceau, Busiris, Laverdurette, Mélanie.

BUSIRIS.

Ah ! corbleu ! messieurs, je vous tuerai tous les deux !... mais commençons par nous expliquer.

DUPONCEAU, le saisissant et le faisant pirouetter à gauche.*

Ah ! tu veux que je m'explique ? Eh bien, écoutez, messieurs. Vous savez qu'en vous quittant je me rendais chez Coralie, j'arrive, elle était absente, je m'assieds sur son canapé, et j'y trouve un cheveu, un cheveu noir. Coralie est blonde, ce cheveu ne lui appartenait donc pas, j'interroge la caméristc et cette fille me répond que ce cheveu noir ne peut venir que de moi. A ces mots, je frissonne, deux craintes se partageaient mon âme. Coralie était-elle infidèle ? avais-je un cheveu de moins ? Voilà le problème que j'étais anxieux de résoudre. Sans répondre à la camériste, je sors, je rentre chez moi, je sonne mon valet de chambre et lui livrant ma tête, compte, lui dis-je. Il compte. Le nombre s'y trouvait. Plus de doute... une femme que je croyais vertueuse et que je voulais épouser !... Je retourne chez Coralie ; elle n'était pas rentrée. Je casse, je brise tout... et je trouve enfin derrière sa toilette cette lettre. (Il tire une lettre de sa poche.) Écoutez, messieurs, écoutez... (Lisant) « Madame, à minuit, comptez sur moi et sur ma discrétion... » Votre esclave, Busiris de Pomadère. »

LAVERDURETTE.

A minuit !

TOUS.

A minuit !

SAINT-GOTHARD, éternuant.

Atchi !...

DUPONCEAU, à Busiris.

Vous comprenez, monsieur, que c'est un duel à mort !

BUSIRIS.

Parfaitement.

LAVERDURETTE.

J'ai trouvé cet homme aux genoux de ma femme... la priorité m'appartient.

DUPONCEAU.

Je la réclame.

* Busiris, Clodion. Saint-Gothard, Duponceau, Laverdurette. Mélanie.

LAVERDURETTE.

Elle m'appartient.

MÉLANIE, s'approchant.*

Je demande la parole.

SAINT-GOTHARD.

Vous avez trop de cheveux.

DUPONCEAU.

Silence! (A Mélanie.) Parlez, madame.

MÉLANIE.

AIR *de Lauzun*.

En trompant deux hommes ici,
Monsieur voulait tromper deux femmes.
A quoi bon vous venger de lui?
Il faut laisser ce soin aux dames.
Le nouveau Samson que voilà
N'est pas bien fort, je vous le jure;
Et, sans rien craindre, Dalila
Eût épargné sa chevelure.

LAVERDURETTE.

Eh quoi! madame, vous exigeriez?...

MÉLANIE.

Je ne pardonnerai qu'à cette condition. (Elle passe à droite.)

SCÈNE XII

LES MÊMES, FÉLICIE.

FÉLICIE, entrant par le fond, une lettre à la main.

Une lettre pour monsieur Duponceau. (Elle descend à droite.)

DUPONCEAU, prenant la lettre.**

Pour moi?... (Regardant l'adresse.) Qui peut m'écrire ici?... De Coralie!... (Il ouvre la lettre et la parcourt.)

* Busiris, Clodion, Saint-Gothard, Duponceau, Mélanie, Laverdurette.
** Busiris, Clodion, Saint-Gothard, Duponceau, Laverdurette, Mélanie, Félicie.

BUSIRIS, à part.

Coralie!... Diable! la situation se complique... Que peut-elle lui écrire?

DUPONCEAU.

Ah! écoutez, messieurs, écoutez... (Lisant.) « Cher monstre... »

SAINT-GOTHARD.

C'est bien pour vous.

DUPONCEAU, continuant.

« Vous avez brisé mon mobilier... ça m'est égal, parce
» que vous m'en donnerez un autre. Quant à la lettre que
» vous avez trouvée chez moi, elle m'a été adressée, il y a
» un an, par mon coiffeur, monsieur Busiris Pomadère. »

TOUS.

Un coiffeur!

BUSIRIS, à part.

Patatras!

LAVERDURETTE.

Un coiffeur parmi nous!... Dérision!...

BUSIRIS, à part.

Je crois que c'est le moment de filer. (Il remonte.)

LAVERDURETTE.

Un coiffeur!... un coiffeur, qui voulait me... Oh! (Éternuant.) Atchi!...

MÉLANIE, lui presentant sa perruque, qu'elle prend sur la cheminee.

Remettez votre perruque!

DUPONCEAU, à Busiris, qui est sur le point de sortir.

Busiris!...

SAINT-GOTHARD.

Pomadère!...

BUSIRIS, redescendant. *

Vous me rappelez?...

DUPONCEAU.

AIR : *Schotisch de Camille Michel.*

Puisqu'il s'agit d'une coiffure,
Votre concours (*bis*) est de rigueur.

* Clodion, Saint-Gothard, Busiris, Duponceau, Laverdurette, Mélanie Félicie.

SAINT-GOTHARD.

Restez, chacun vous en conjure.

BUSIRIS.

C'est comme ami? (*bis.*)

DUPONCEAU.

Comme coiffeur.

(Il passe près de Mélanie.)

BUSIRIS, à Laverdurette.*

A vous coiffer je suis prêt.

LAVERDURETTE, remettant sa perruque.

Non pas, monsieur, s'il vous plait.
Il n'entre pas dans mes goûts
D'être coiffé par vous.

FÉLICIE.

Il s'agit bien de cela.

MÉLANIE, montrant le public.

Notre embarras, le voilà...

(Au public.)

Ah! messieurs, gardez-vous bien...

DUPONCEAU, à Mélanie.

N'ajoutez rien.

(Au public.)

De cette œuvre ainsi terminée,
Soyez coiffés, mais non pas à la mal content.
«Je n'ai pas perdu ma journée,»
Disait Titus. — Ah! puissiez-vous en dire autant!

TOUS.

De cette œuvre terminée,
Etc., etc.

* Clodion, Saint-Gothard, Busiris, Laverdurette, Duponceau, Mélanie, Félicie.

FIN.

Paris.—Imprim. de la Librairie Nouvelle, A. Bourdilliat, 15, rue Breda.

www.ingramcontent.com/pod-product-compliance
Ingram Content Group UK Ltd.
Pitfield, Milton Keynes, MK11 3LW, UK
UKHW022003260726
13994UKWH00004B/1930